Franjas anchas

y

estrellas brillantes

EDICIÓN PATHFINDER

Por Peter Winkler

CONTENIDO

Franjas anchas y estrellas brillantes

POR PETER WINKLER

Es brillante. Es llamativa. Y es el símbolo más poderoso de los Estados Unidos, la bandera estadounidense.

Unidos permanecieron en pie. Miles de personas en Tucson, Arizona, crearon esta "bandera humana" en respuesta a los ataques del 11 de septiembre de 2001.

Un automóvil tras otro ingresaba al estacionamiento del estadio. Era el 15 de septiembre de 2001, un día caluroso en Tucson, Arizona. La gente salía de los vehículos. Mucha gente venía vestida con camisetas rojas, blancas y azules. Llegaron para responder a los ataques contra el World Trade Center y el Pentágono. Llegaron para demostrar su gran amor por los Estados Unidos de América.

"Esperábamos convocar a unos pocos miles de personas", dijo uno de los organizadores del evento. "Aparecieron quince mil". Juntas, las personas vestidas con las camisetas crearon una enorme "bandera humana".

Las personas con camisetas rojas formaron franjas. Lo mismo hicieron las que tenían camisetas blancas. Mientras tanto, las personas con camisetas azules se convirtieron en el fondo de las estrellas de camisetas blancas. Tomó dos horas colocar a todos en sus lugares.

Cuando la bandera estuvo lista, un fotógrafo tomó fotos desde un helicóptero. Una de las fotos se convirtió en un póster. Ayudó a juntar casi $400 mil dólares para las beneficencias. El dinero ayudó a las familias de quienes fueron asesinados el 11 de septiembre de 2011.

CONGREGADOS ALREDEDOR DE LA BANDERA

La "bandera humana" de Tucson fue una forma creativa de juntar dinero. Pero eso no es todo. También fue un símbolo, o signo, importante. Un participante explicó por qué. La bandera gigante "demostró que todos somos estadounidenses y que todos somos una gran familia".

Millones de otros estadounidenses usaron la bandera para expresar sentimientos similares después del 11 de septiembre. La gente pinto la bandera en las paredes e, incluso, en los jardines de sus casas. Los conductores la pegaron en los paragolpes de sus automóviles. Los dueños de las tiendas la pusieron en las vidrieras.

Una nación cambiante
Una bandera cambiante

La primera bandera de los EE.UU. tenía trece franjas y rayas, una por cada uno de sus estados. Originalmente, cada estado obtuvo una franja y una estrella. Pero esto se tornó complicado. Por lo que el Congreso dispuso que se conservaran solo trece franjas.

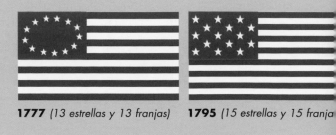

1777 (13 estrellas y 13 franjas) **1795** (15 estrellas y 15 franja

En conjunto, *USA Today* informó en octubre de 2001 que ocho de cada diez estadounidenses estaban exhibiendo la bandera de los EE.UU. Las tiendas Walmart vendieron 250.000 banderas en un solo día, el 12 de septiembre de 2001. El año anterior, la cadena había vendido solamente 10.000 banderas el 12 de septiembre.

ESFUERZO SOSTENIDO

Las fábricas de los Estados Unidos y del exterior trabajaron tiempo extra para producir más banderas. "Era imposible satisfacer la demanda", dijo un fabricante. Para poder cumplir con los pedidos en los EE.UU., una empresa en China incluso dejó de fabricar banderas chinas. En vez de eso, los trabajadores se dedicaron a fabricar banderas **Stars and Stripes** (Estrellas y franjas).

Los fabricantes de banderas estadounidenses y chinos declararon a la prensa que el 11 de septiembre había otorgado un nuevo significado a su trabajo. "A veces no me gusta este trabajo", dijo Fei Xiaohua, de Shanghái. "Pero esta vez, lo que hago parece valer la pena".

Kishawn Carter, un fabricante de banderas de Nueva Jersey, se sintió de la misma manera: "Este país necesita banderas". Cuantas más pueda fabricar, mejor. Me hace sentir bien estar en una línea de trabajo donde puedo ayudar, al menos, un poco".

¿ROJA, BLANCA Y QUIÉN?

Los estadounidenses aman la bandera. Le rinden homenaje por ser el emblema del territorio y la gente del país. La respetan por ser símbolo de libertad y democracia. La convierten en una imagen de unidad y esperanza.

A través de la historia de los EE.UU., de hecho, la bandera ha sido considerada el símbolo más poderoso de la nación. Sin embargo, muchos ciudadanos saben poco acerca de la bandera, a la que llaman "Old Glory", o de su historia. Es fácil probarlo. Basta con preguntarle a las personas una pregunta sencilla: "¿Quién diseñó la bandera estadounidense?"

▼ Viajando y permaneciendo

AUTOMÓVIL: En Carolina del Norte, crean un homenaje móvil a los EE.UU. usando pintura y patriotismo.
ESTAMPILLA: El Servicio Postal de los EE.UU. emitió esta edición especial en octubre de 2001.

Es probable que la mayoría responda lo mismo: Betsy Ross. Ella es el único personaje de la "historia" de la bandera que todos conocen. Pero hay un pequeño problema. Betsy Ross no diseñó la bandera.

No se sabe con precisión quién lo hizo. Probablemente, haya sido un hombre llamado Francis Hopkinson. Era un abogado, poeta y artista que vivió a fines del siglo diecisiete. También era miembro del Congreso Continental, el primer Gobierno de los Estados Unidos. Hopkinson alentó al Congreso a elegir una bandera. Y, probablemente, ofreció ideas para el diseño.

Hay algo que sabemos con seguridad. El 14 de junio de 1777, el Congreso Continental decidió que la bandera debía tener "trece franjas [que] alternaran el rojo y el blanco" y "trece estrellas blancas sobre un fondo azul". Cada estrella y franja representaba uno de los estados originales. Los estadounidenses rinden homenaje a su símbolo patrio en el Día de la Bandera (14 de junio).

LA HISTORIA DETRÁS DE LAS FRANJAS.

A medida que los Estados Unidos evolucionaron, también lo hizo la bandera. El primer cambio ocurrió en 1795. Para entonces, Kentucky y Vermont se habían convertido en estados. Por lo que los estadounidenses agregaron dos estrellas y dos franjas a la bandera.

Había quince franjas, de hecho, en la bandera estadounidense más célebre de todas. Esta es la

18 *(20 estrellas y trece franjas)* **1876** *(37 estrellas)* **1912** *(48 estrellas)* **1960** *(50 estrellas)*

Old Glory, una joven esperanza.
Esta escena en Nevada reconfortó los corazones de los estadounidenses durante los días tristes de 2001. Parecía decir "no hay que rendirse". "El presente duele, pero el mañana puede ser tan luminoso como la mirada de un niño y tan ampliamente abierto como sus brazos."

5

UN HOMENAJE ESPECIAL

★★★★★★★★★★★★

SEGUNDA GUERRA MUNDIAL

El 7 de diciembre de 1941, Japón bombardeó los barcos estadounidenses anclados en Pearl Harbor, Hawái. Los Estados Unidos declaró la guerra al día siguiente. El siguiente cuatro de julio, cientos de revistas estadounidenses trabajaron juntas para alentar el patriotismo.

Cada una puso en su tapa a la **Red, White and Blue** (la bandera roja, azul y blanca) Desde *Aviation* a *Master Comics* y *Vogue*, los estadounidenses vieron a su bandera, la Old Glory, en todos lados. Entre estas revistas patrióticas, se encontraba NATIONAL GEOGRAPHIC, que nunca había usando antes una fotografía en su tapa.

En el Museo Nacional de Historia de los Estados Unidos, de Washington, D.C., hay exhibidas casi cien tapas de banderas de 1942.

Star-Spangled Banner (bandera estrellada). Ondeó sobre el Fuerte McHenry, cerca de Baltimore, Maryland que la vio "a la luz temprana del amanecer". El poema de Key más tarde se convirtió en el himno nacional.

Después de 1795, se unieron más estados. Algunos estadounidenses intentaron agregar más franjas a la bandera. Se veía horrible. Por lo que, en 1818, el Congreso ordenó las cosas. A partir de entonces, solamente habría trece franjas. Cada una representaría una colonia original. Pero cada estado actual obtendría una estrella.

VOCABULARIO

Los amigos suelen llamarse por apodos entre sí. Los estadounidenses lo hacen también con la bandera.

Old Glory: El capitán William Driver bautizó con este nombre a la bandera de su barco en 1831.

Red, White, and Blue (Roja, blanca y azul): George M. Cohan uso estas palabras en su canción de 1906, "You're a Grand Old Flag".

Stars and Stripes (Estrellas y franjas): Este apodo es, probablemente, tan antiguo como la misma bandera.

Star–Spangled Banner (La bandera estrellada): Francis Scott Key acuñó esta frase en 1814. Más tarde, su poema se convirtió en el himno nacional.

VIENDO LAS ESTRELLAS

Sin embargo, la Ley de 1818 no especificó cómo disponer las estrellas. La mayoría de los fabricantes de banderas las ponen en filas. Otros han sido más creativos. Han usado las estrellas más pequeñas para formar círculos, cruces o, incluso, una gran estrella.

Finalmente en 1912, los Estados Unidos dispusieron reglas para el diseño de la bandera. En ese momento, la esquina o el cantón azul contenía cuarenta y ocho estrellas. Esta bandera ondeó durante dos Guerras Mundiales. Ningún otro diseño ha durado tanto tiempo.

Luego llegaron dos nuevos estados. Alaska pasó a formar parte de la Unión en 1959. Hawái también lo hizo un año más tarde. Esto significaba, como habrás adivinado, dos estrellas más. El diseño de 1960, con cincuenta estrellas, es aquel al que los estadounidenses rinden homenaje hoy en día.

UNA BANDERA GRANDIOSA Y LLAMATIVA

La Old Glory ha cambiado en muchos pequeños detalles desde 1777. Sin embargo, su diseño llamativo sigue siendo inconfundible. Francis Hopkinson, de hecho, reconocería casi sin lugar a dudas la bandera actual.

Y estaría orgulloso de ver que los estadounidenses aún aman las franjas anchas, las estrellas brillantes y la república que estas representan.

Símbolos de los EE.UU.

Supongamos que tuvieras la oportunidad de crear un nuevo símbolo estadounidense. Mostraría lo que los Estados Unidos significan para ti. ¿Cuál sería este símbolo? ¿Por qué?

Escribe un párrafo para describir tu símbolo. Usa los pasos siguientes como ayuda.

1 Oración temática

Comienza tu párrafo con una oración temática. Explica cuál sería tu símbolo nuevo.

2 Oración detallada

Luego escribe una oración que brinde detalles de tu símbolo. Explica qué aspecto tendría.

3 Oración persuasiva

A continuación, da dos razones por las que tu elección sería un buen símbolo de los Estados Unidos.

4 Oración de cierre

Termina tu párrafo con una oración de cierre. Resume tus puntos principales.

Como la bandera, nuestro himno nacional es un símbolo de nuestro país. Se canta antes de los partidos de béisbol y cuando un atleta gana una medalla olímpica. Las bandas lo interpretan el Cuatro de Julio.

"Star-Spangled Banner" (Bandera estrellada) es una canción con mucho significado. Es nuestro himno nacional. A mucha gente, esta canción la hace pensar en la libertad. Piensan en lo que significa ser estadounidense.

¿Por qué la gente tiene sentimientos tan intensos cuando escucha el himno nacional? Su letra es poderosa. Describe un momento importante en la historia estadounidense.

La historia de una canción

La canción "Star-Spangled Banner" (Bandera estrellada) fue escrita durante la Guerra de 1812. Esta fue una guerra terrible entre Inglaterra y los Estados Unidos.

En cierto punto de la guerra, los británicos intentaron capturar Baltimore, Maryland. Para hacerlo, primero tenían que apoderarse del Fuerte McHenry. Este fuerte miraba hacia el puerto de la ciudad.

La batalla comenzó una noche en el Fuerte McHenry. Los barcos de guerra británicos que estaban en el puerto atacaron el fuerte. La lucha fue terrible. Los barcos británicos dispararon sus cañones contra los estadounidenses todo el día y toda la noche.

Atacados ▶

En 1814, los barcos británicos atacaron el Fuerte McHenry. La encarnizada batalla se prolongó durante toda la noche.

◀ **Viendo estrellas**

A la mañana siguiente, Francis Scott Key vio que la bandera flameaba sobre el fuerte. Supo que los estadounidenses habían ganado.

La luz temprana del amanecer

Un abogado estadounidense llamado Francis Scott Key observó la batalla desde un barco cerca del fuerte. Tuvo miedo. Pensó que los estadounidenses perderían la batalla. Temió que los británicos pronto tomarían el control de Baltimore.

A la mañana siguiente, sin embargo, Key vio que la bandera estadounidense aún flameaba sobre el fuerte. ¡Los estadounidenses habían ganado!

Key sabía que había sido testigo de una batalla histórica. Así que escribió un poema acerca de ella. Pronto el poema fue impreso. Más tarde, se le puso música. El resto, como dicen, es historia.

De poema a himno.
Francis Scott Key escribió esta versión de "Star-Spangled Banner" en 1814. El Congreso convirtió la canción en nuestro himno nacional en 1932.

9

Salvando la bandera con

La bandera que flameó sobre el Fuerte McHenry pronto se hizo célebre. El poema "Star-Spangled Banner", de Francis Scott Key, la convirtió en un tesoro nacional. A medida que pasaron los años, sin embargo, la bandera envejeció. Su tela se tornó frágil y delgada. La bandera tenía agujeros, rasgones y remiendos.

El proyecto del estandarte

Afortunadamente, muchas personas se unieron para salvar esta célebre bandera. Empezaron a trabajar en 1998. Formaban parte del Proyecto Star-Spangled Banner (Proyecto del estandarte de la bandera estrellada).

Los trabajadores eran llamados conservadores. No querían restaurar la bandera o hacer que luciera como nueva otra vez. Esto es porque sus agujeros y rasgones formaron partes de la historia. Cuentan la larga y colorida historia de la bandera.

En cambio, los trabajadores conservaron la bandera. La limpiaron y la reforzaron. Querían que durara todo lo posible.

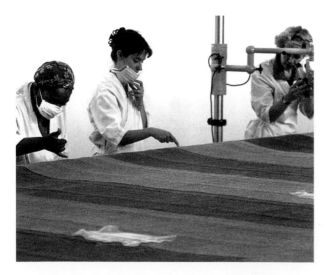

Años de trabajo

El trabajo de la bandera célebre se realizó en el Instituto Smithsonian, en Washington, D.C.

El primer paso fue estudiar la bandera. Los trabajadores confeccionaron un plan. En algunos lugares, tuvieron que cortar las costuras. Las costuras había formado parte de un proyecto de conservación anterior.

Luego limpiaron la bandera original. Frotaron suavemente la tela con pequeñas esponjas. Las esponjas recogieron la suciedad que había quedado en la bandera durante los últimos ciento noventa años.

Luego, los trabajadores limpiaron el resto de la suciedad de la bandera con una mezcla especial. Por último, cosieron un material en el dorso de la bandera. Esto hizo que la tela quedara resistente para ser exhibida.

El futuro de la bandera

Conservar la bandera requirió mucha destreza y paciencia. Los trabajadores dedicaban todo un día a trabajar tan solo en una diminuta fracción de la bandera. Sin embargo, sus esfuerzos dieron frutos. Cada día que pasaba, una mayor parte de la bandera estaba limpia y había sido salvada.

Pronto la bandera estuvo lista para ser exhibida en el Museo Nacional de Historia de los Estados Unidos. Se está construyendo una nueva sala solo para la bandera. Se contará la larga historia de la bandera a través de una exposición.

El personal del Instituto Smithsonian ha salvado un tesoro nacional. Gracias a su trabajo, se podrá apreciar a la Bandera estrellada durante muchos años más.

Cuidadosos cortes
Los conservadores examinan cuidadosamente la bandera mientras la limpian y la preservan.

Salvando el pasado

La bandera estrellada tiene casi
doscientos años. Carga con las heridas
y las lágrimas de su larga historia.

La bandera de los Estados Unidos

¿Qué aprendiste acerca de la bandera de los Estados Unidos? Responde estas preguntas para descubrirlo.

1 ¿Por qué los habitantes de Tucson, Arizona formaron una "bandera humana"?

2 ¿Qué decidió el Congreso Continental acerca de la bandera de nuestra nación?

3 ¿Por qué el número de estrellas y franjas de la bandera cambió a lo largo del tiempo?

4 ¿Por qué el himno nacional hace que las personas se sientan patrióticas?

5 ¿Por qué la bandera del Fuerte McHenry fue conservada en lugar de ser restaurada? ¿Qué diferencia hay?